D1693148

Robert Gernhardt
Familie Erdmännchen

Robert Gernhardt
Familie Erdmännchen
Mit Illustrationen von Alexandra Junge

aufbau

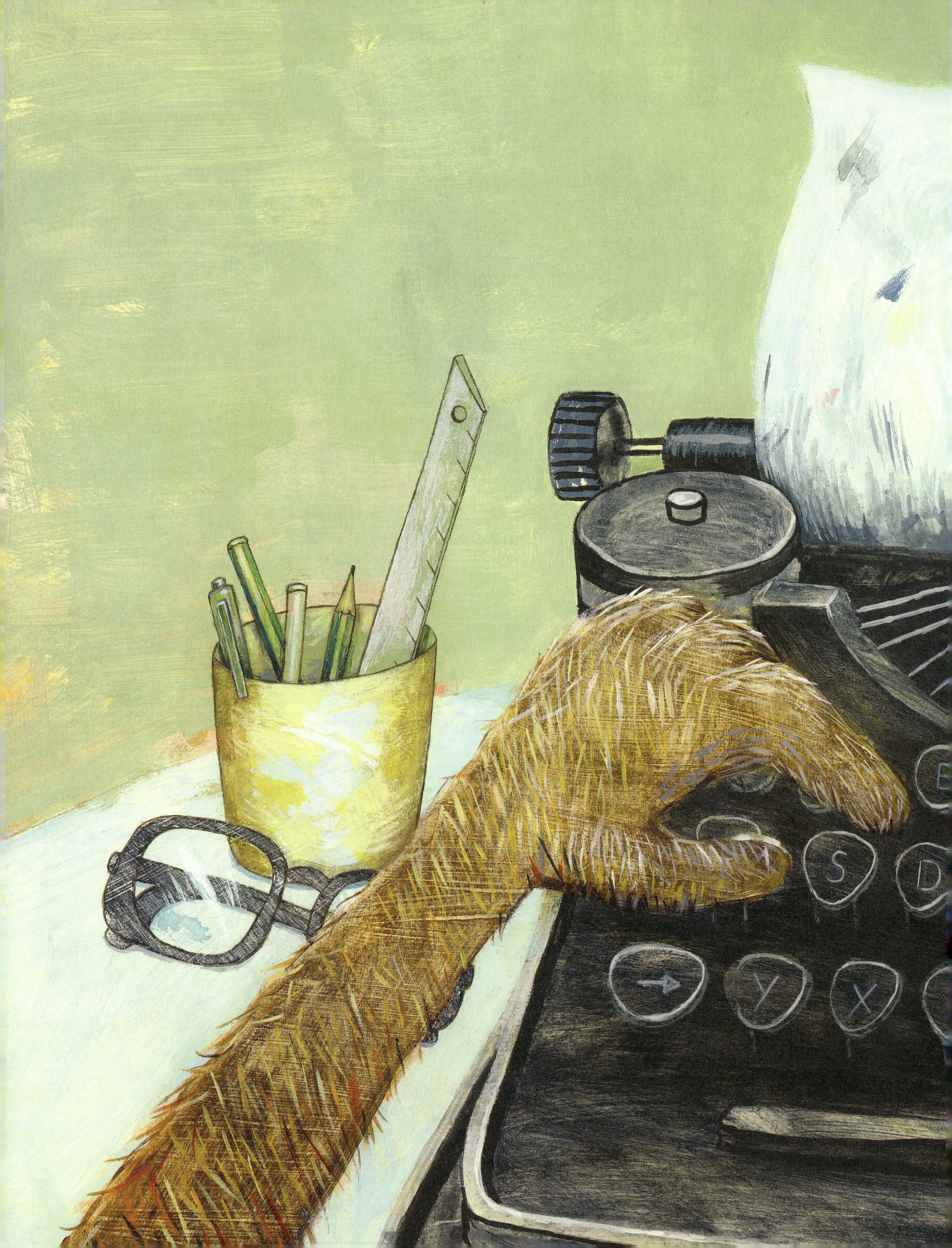

Seit Wochen suchen wir ein Haus,
wir müssen aus dem alten raus.
Das neue sollte nicht zu klein
und etwa so beschaffen sein:

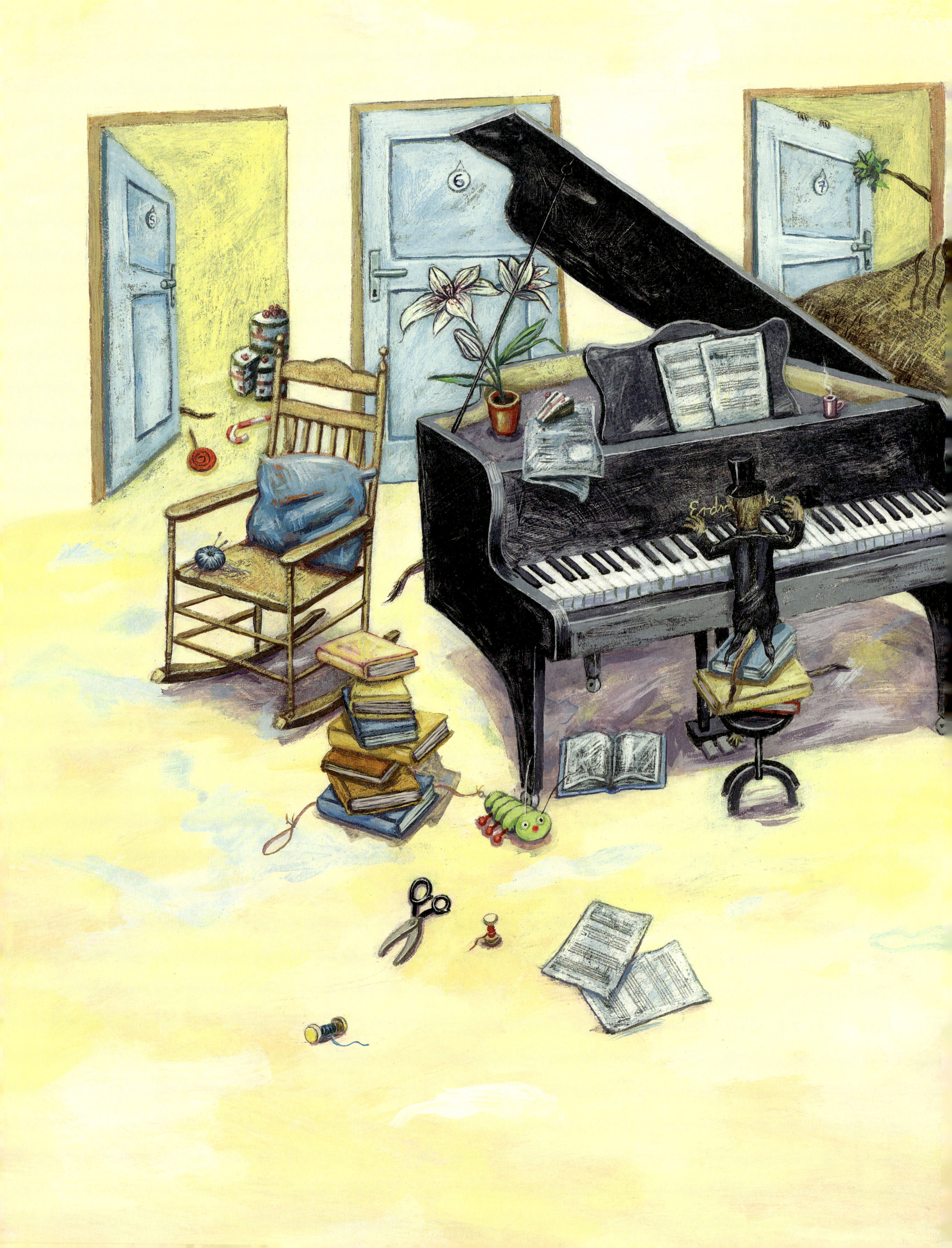
5
6
7

Acht Zimmer zum Hausen,

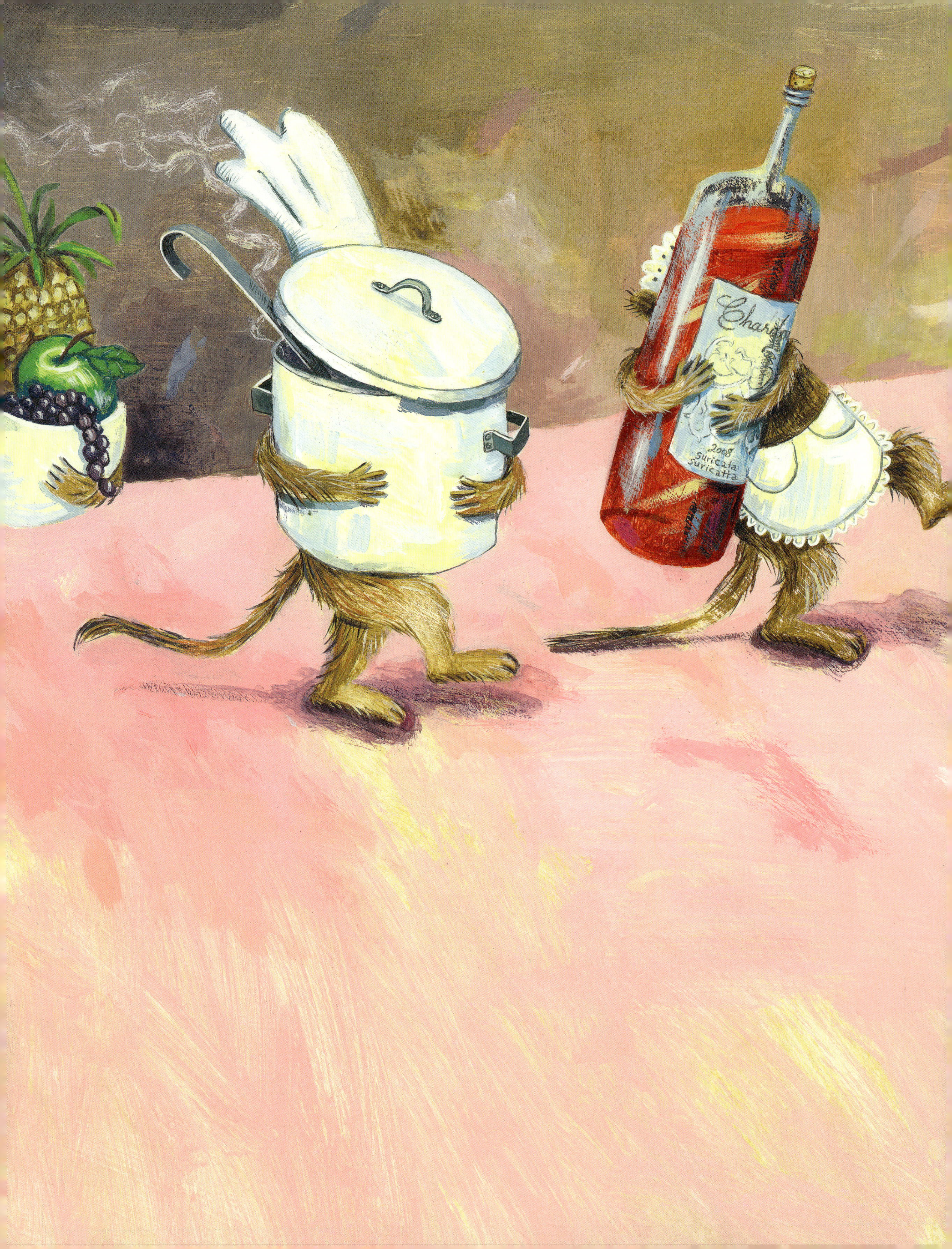
Chard
2008
suricata
suricatta

acht Küchen
zum
Schmausen,

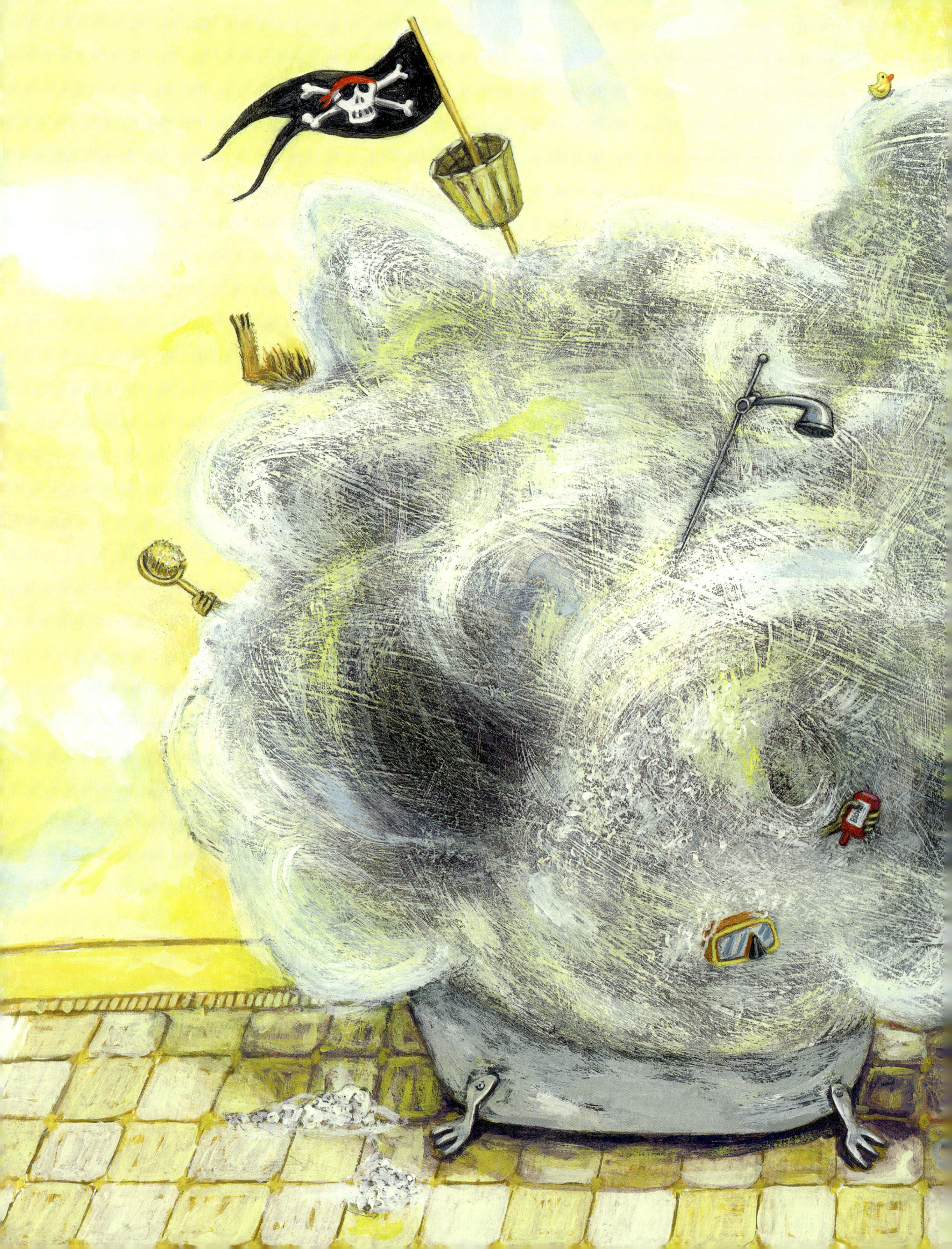

acht Wannen zum Duschen,

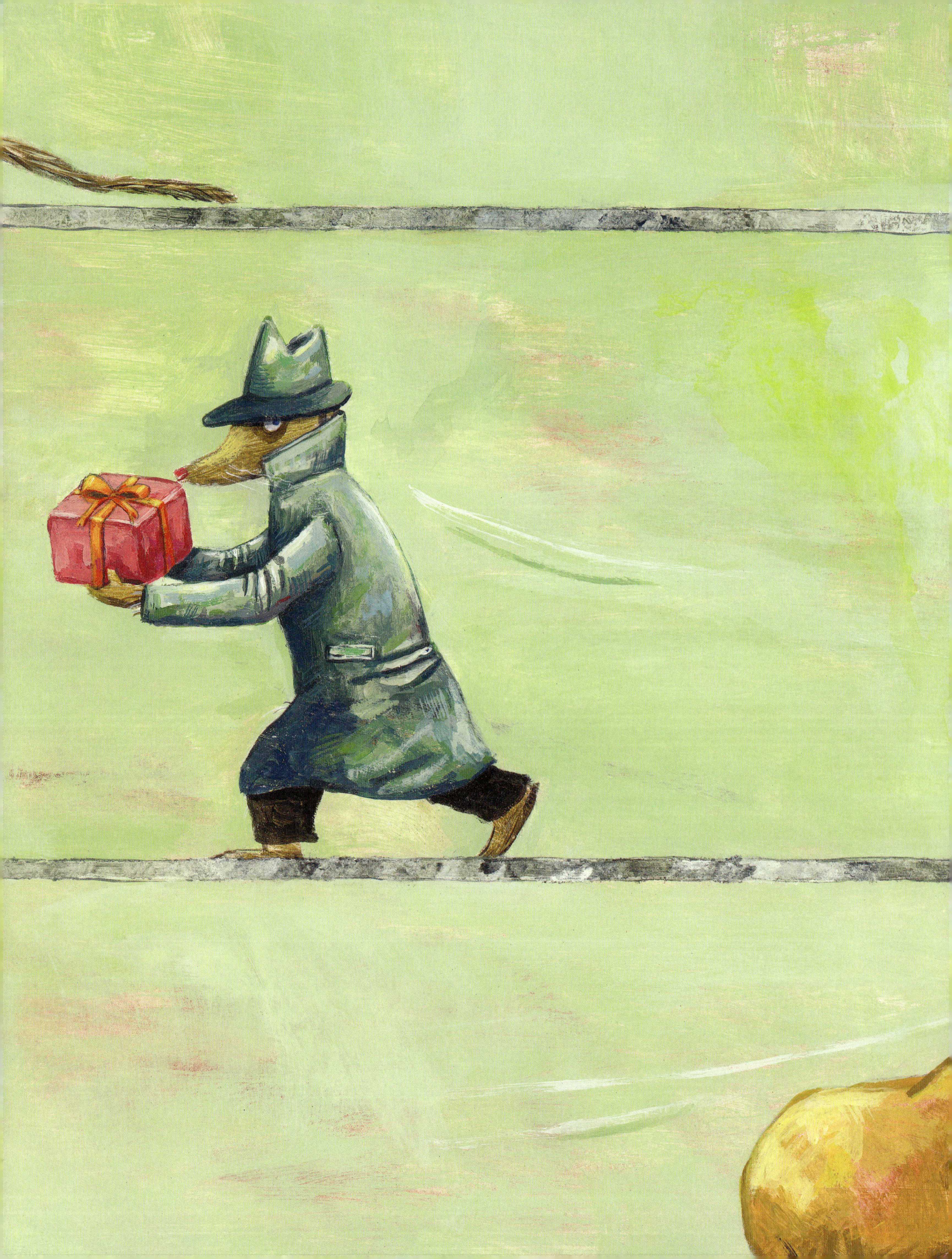

acht Flure

zum
Huschen,

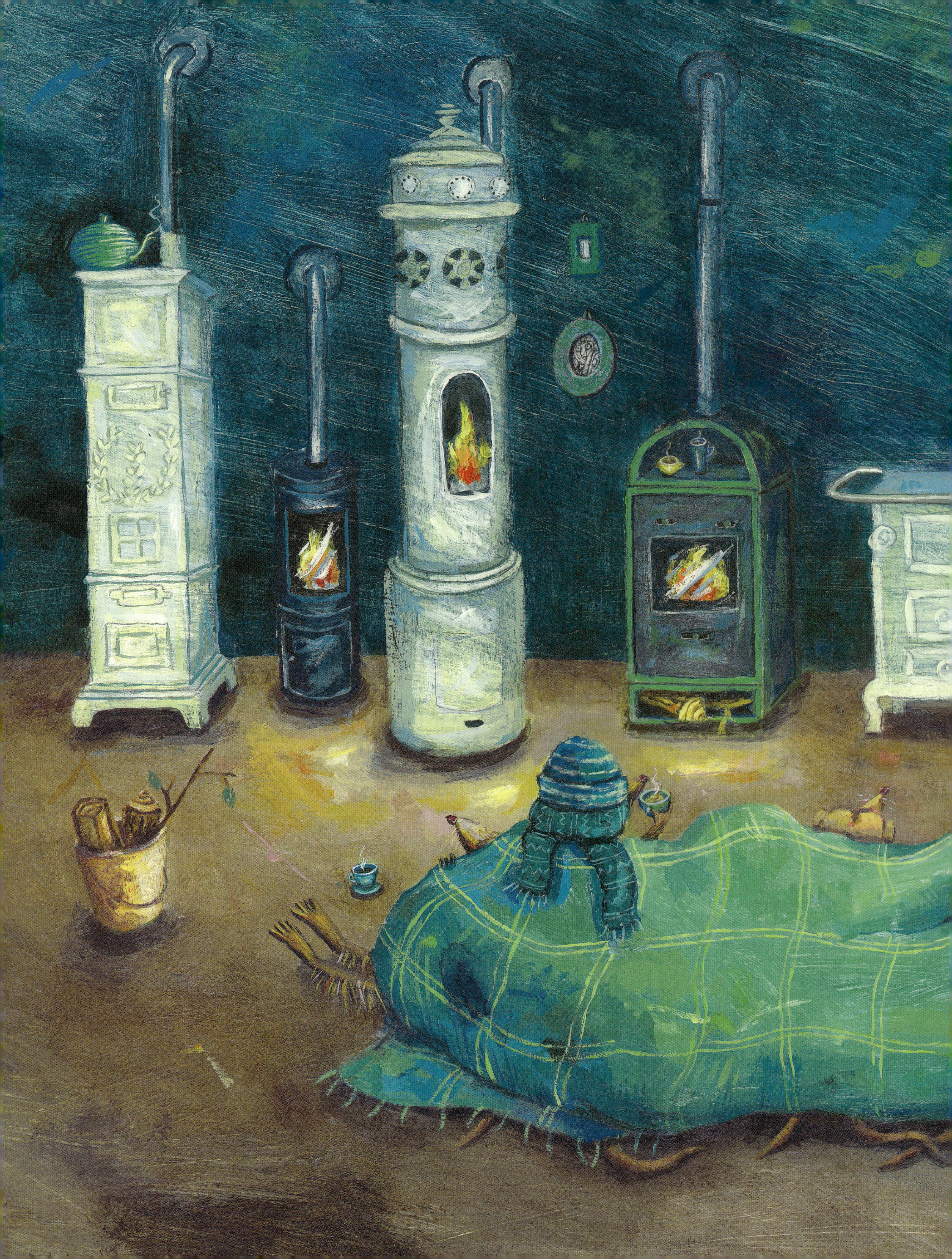

acht Öfen zum Wärmen,

acht Treppen zum Lärmen,

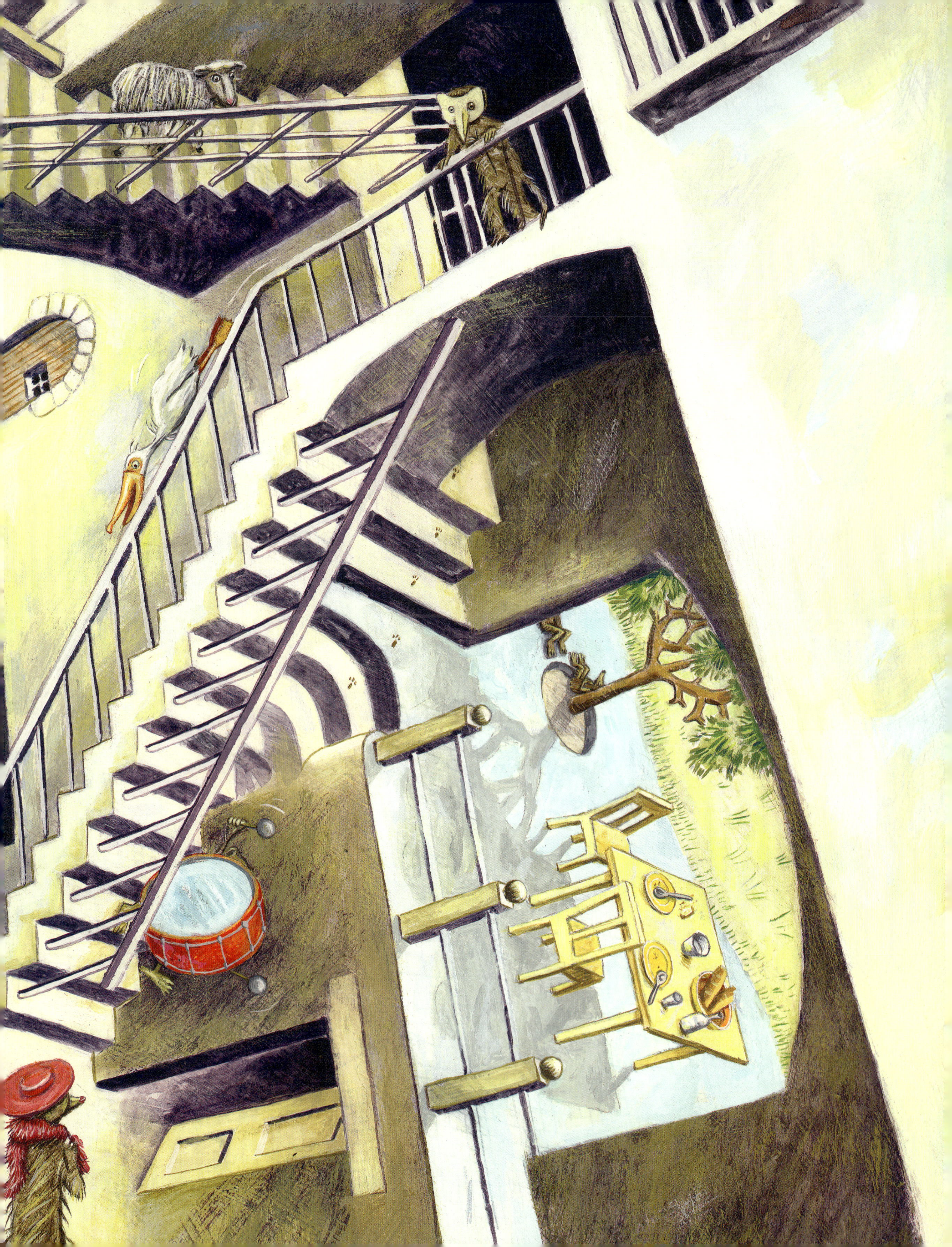

acht Fenster
   zum Gucken,

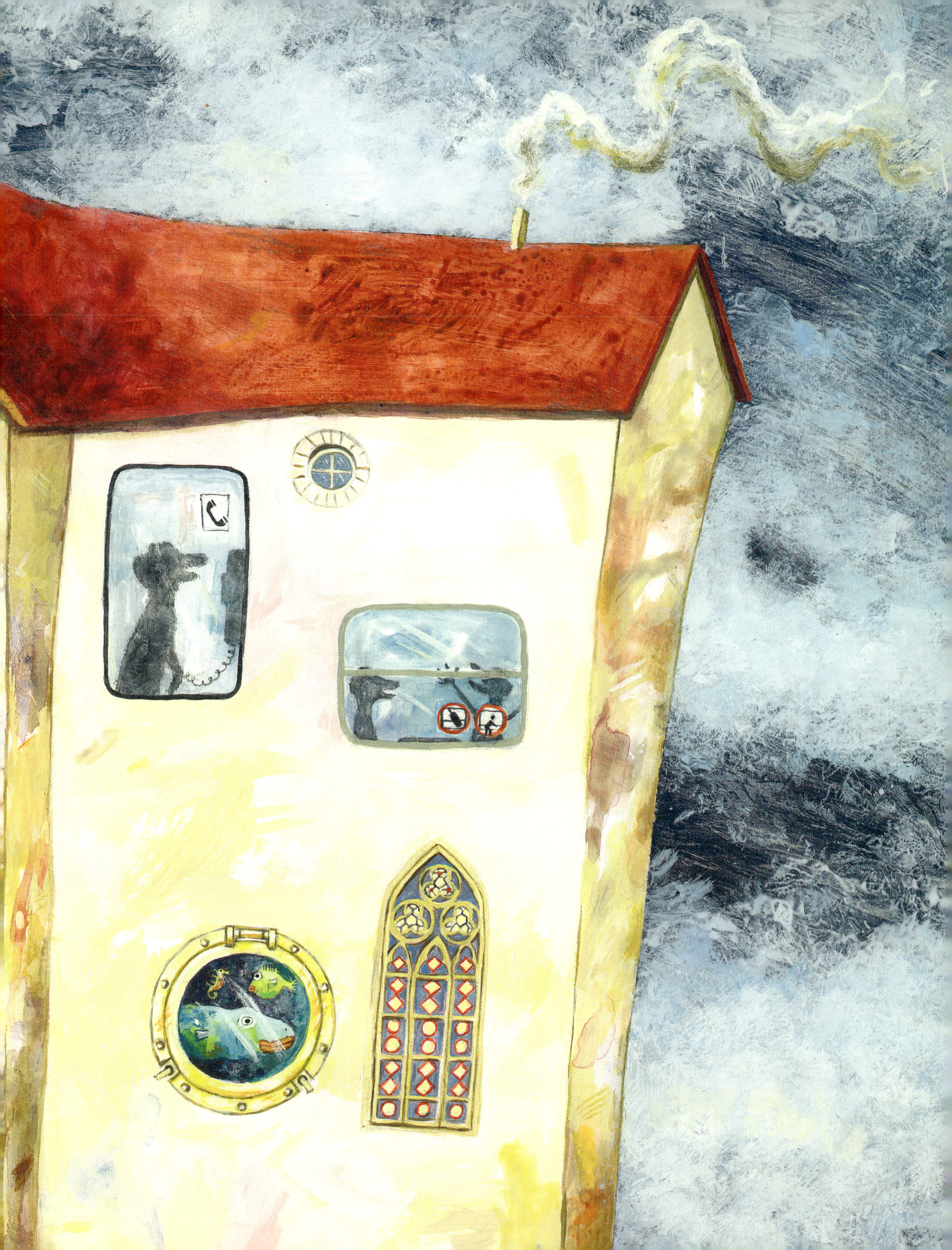

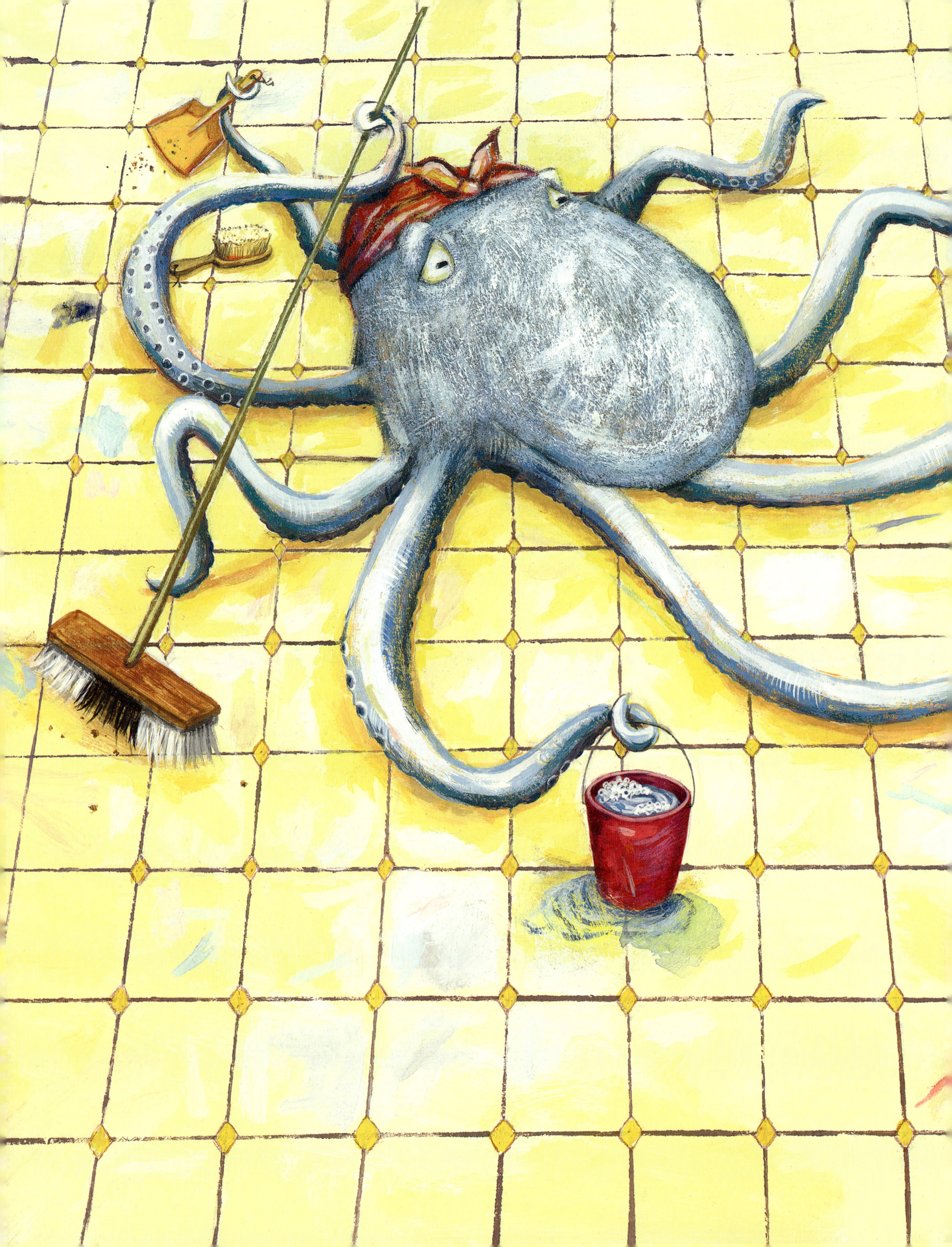

acht Ecken

zum Spucken,

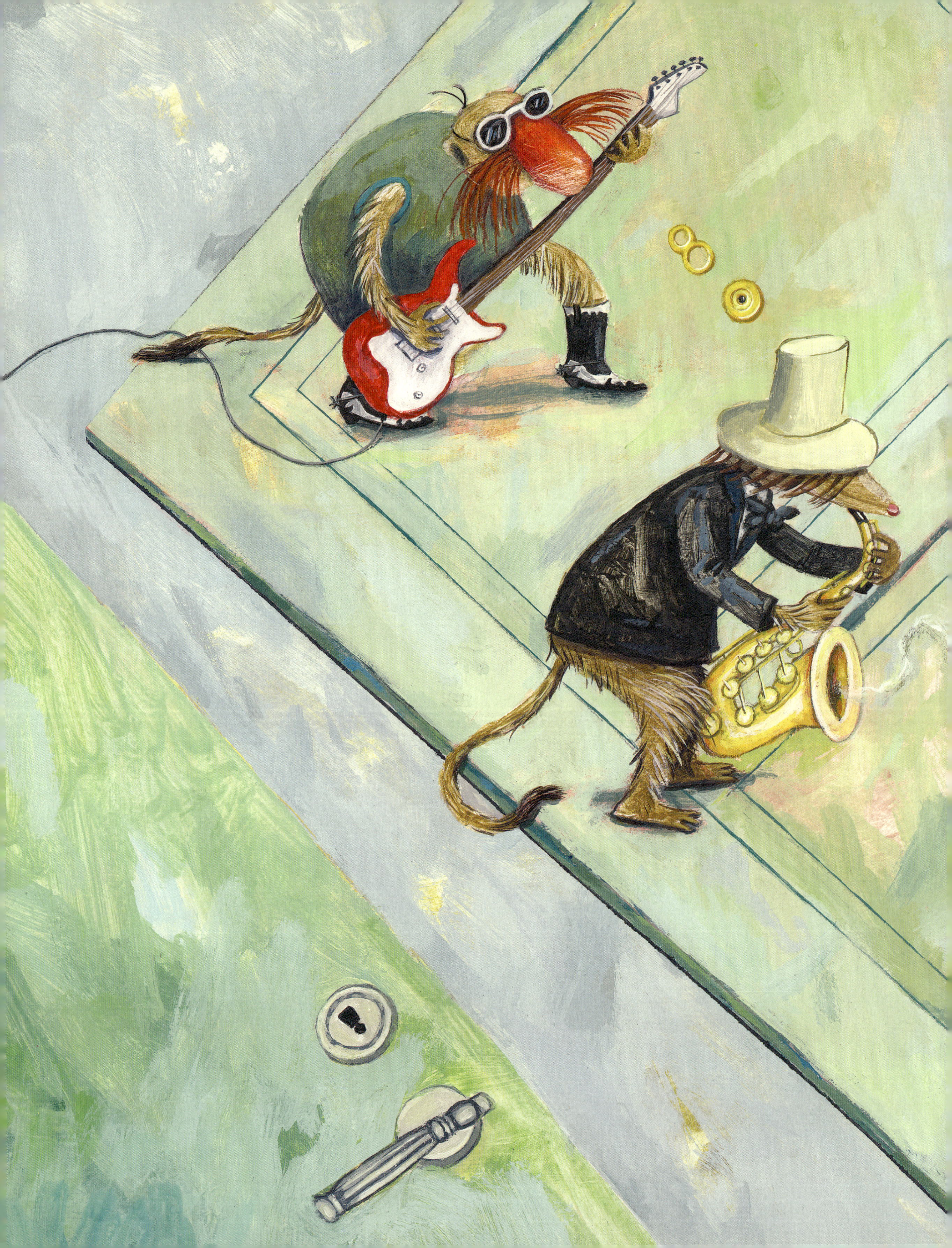

acht Türen
zum Schlagen,

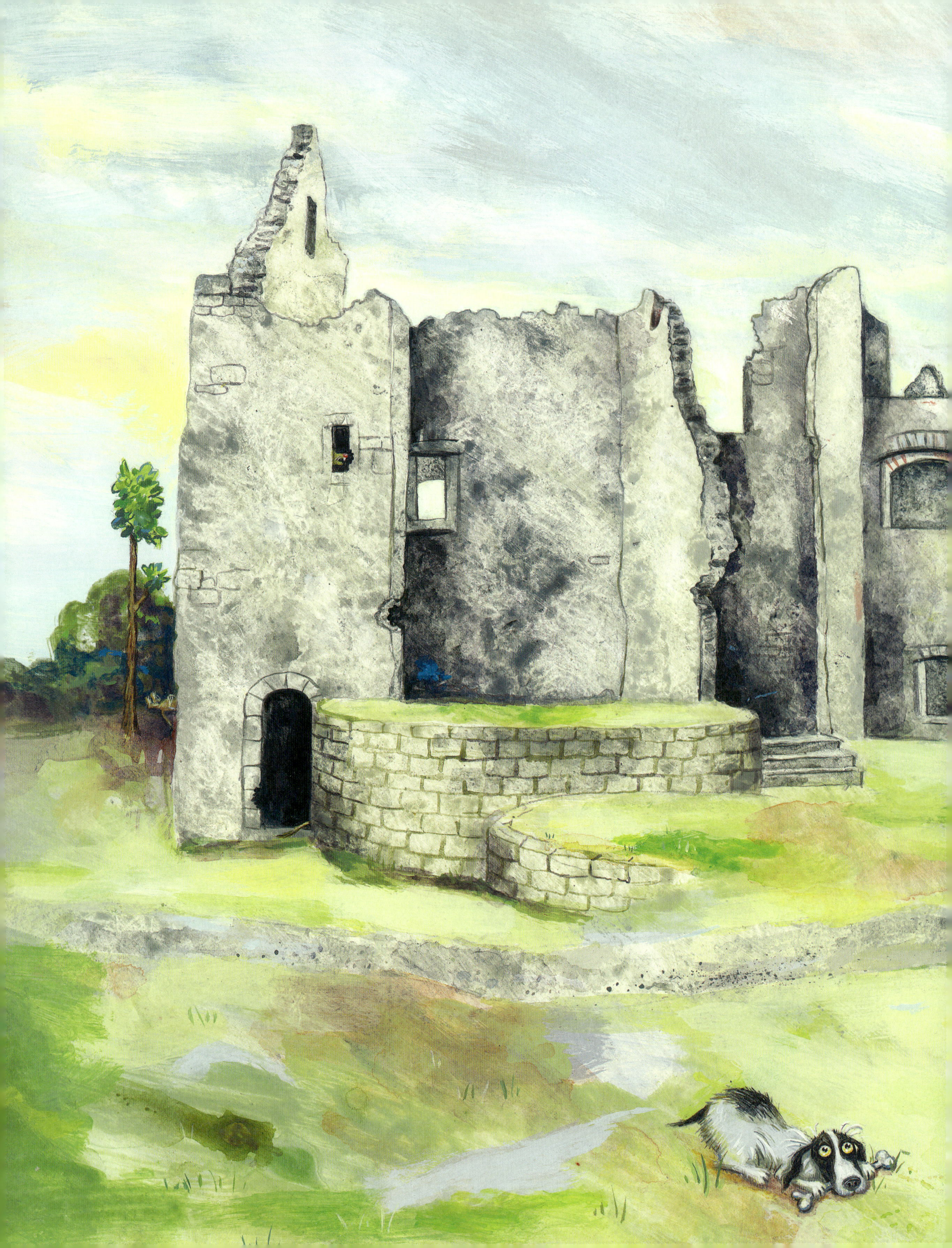

acht Wände

zum Nagen –:

rundherum
  ein Riesenpark,

Hereinspaziert nur 1 Mark

Preisvorstellung eine Mark. **Wer hilft** uns aus der **Wohnungsnot?** Wir warten auf Ihr **Angebot!**

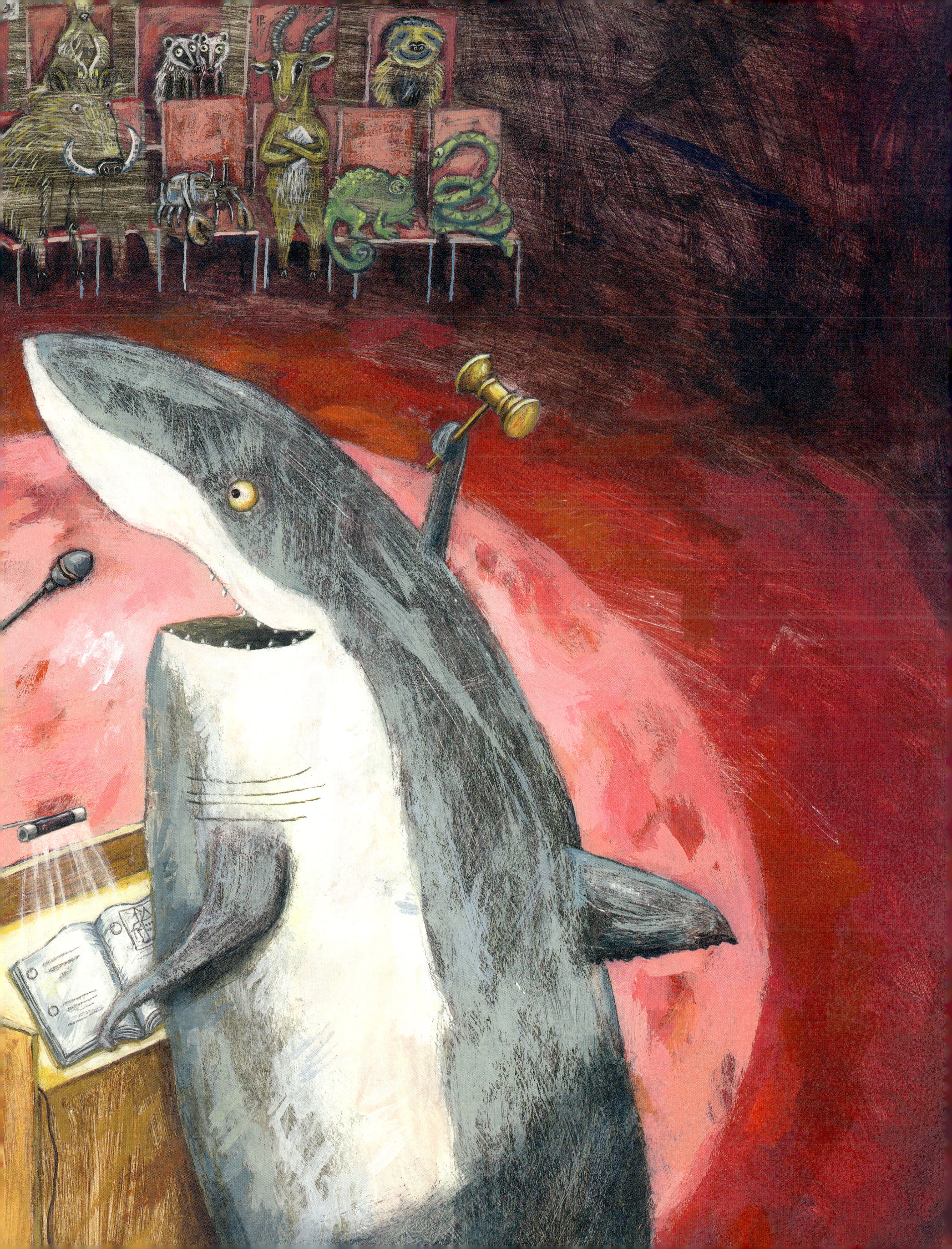

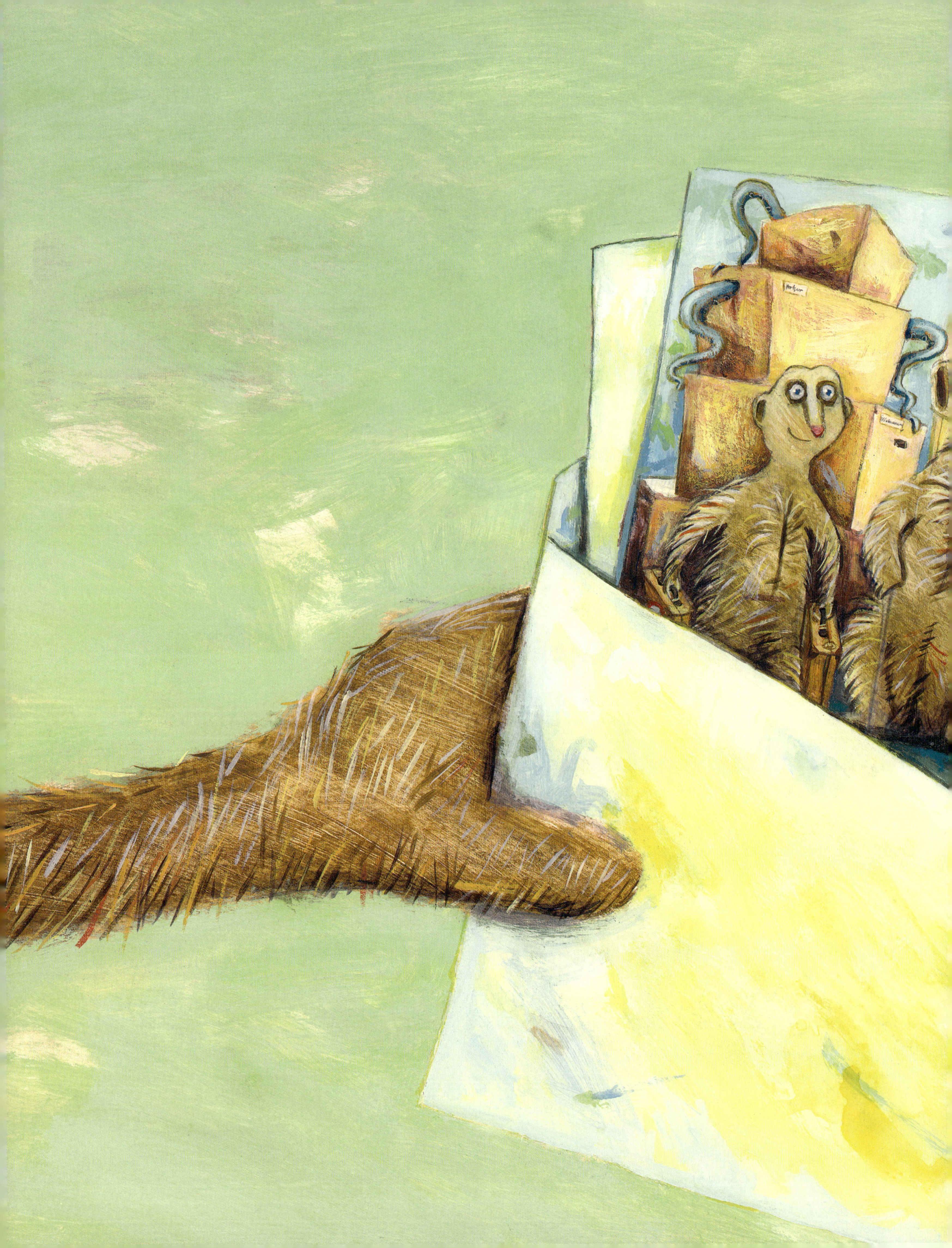

Familie
Erdmännchen

ISBN 978-3-351-04099-4

Aufbau ist eine Marke der Aufbau Verlag GmbH & Co. KG

1. Auflage 2009
© Aufbau Verlag GmbH & Co. KG, Berlin 2009
Das Gedicht ERDMÄNNCHEN entstammt dem Band MIT DIR SIND WIR VIER,
Frankfurt am Main: Insel Verlag 1976 © Robert Gernhardt. Alle Rechte vorbehalten.
Reihenkonzept Ute Henkel
Innengestaltung Torsten Lemme
Schrift Melior
Repro »Die Litho«, Hamburg
Gesamtherstellung Offizin Andersen Nexö, Leipzig
Printed in Germany

www.aufbau-verlag.de